AF313448

STATUTS,

POUR LES MAISTRES

MARCHANDS MÉGISSIERS

DE LA VILLE ET FAUXBOURGS DE PARIS;

Accordez par les Rois François I. & Charles IX.
confirmez par Henry IV. & Louis le Grand.

REMIEREMENT, Qu'aucun ne pourra être passé Maître du Métier de Megissier en la Ville & Fauxbourgs de Paris, ni tenir icelui Métier, si premierement il n'a été examiné & trouvé suffisant par les Gardes dudit Métier, & qu'il ait payé six livres parisis d'entrée, la moitié au Roy, & l'autre moitié à la Confrerie dudit Métier, comme d'ancienneté est accoutumé, & qu'il n'ait fait son Chef-d'œuvre d'un cent de Cuirs de Peaux de Mouton bien & dûëment labourez en blanc, pour montrer s'il est capable d'être reçu Maître dudit Métier.

II.

Item. Que nul dudit Métier ne mette hors aucune chose appartenante audit Métier aux jours de Dimanches, ni aux grandes Festes solemnelles, si ce n'est à la fenestre, si haut

A

qu'un homme n'y puiſſe atteindre de ſa main ; ſur peine de forfaire les denrées ; & payeront l'amende de quarante ſols au Roy, & quatre ſols aux Gardes dudit Métier, pour le Métier garder.

III.

Item. Que nul n'achette en la Ville & Banlieuë de Paris, en Boucherie ni ailleurs, Peaux ſur bêtes vives, ni Peaux ſur bêtes mortes, s'ils ne les voyent avant, ſur peine de dix ſols d'amende pour chacun cent qu'ils achetteront, & de plus plus, & de moins moins, & au deſſous au feur l'emplage, les trois parts au Roy, & l'autre part aux Gardes dudit Métier.

IV.

Item. Que nul dudit Métier ne pourra faire depuis Pâques juſqu'à la my-Aôut qu'une laine nouvelle & le bâtard, ſur peine de vingt ſols pariſis d'amende, dont le Roy aura les trois parts, & les Gardes dudit Métier, la quatriéme partie.

V.

.*Item.* Qu'aucun Maître ne puiſſe faire depuis la my-Aôut juſqu'à Pâques que deux paires de laine tonduë. C'eſt à ſçavoir, de laine & plauge ; & qui ſera trouvé faiſant le contraire, les denrées ſeront confiſquées au Roy, de laquelle confiſcation le Roy aura moitié, & les Gardes de la Confrerie dudit Métier l'autre.

VI.

Item. Que dorénavant tous Cuirs ſeront enchauſumez & pelez au bâton, & fait à bâtard ; c'eſt à ſçavoir ceux qui ont la hauteur du travers du petit doigt d'un homme, & tous les autres qui ſeront au deſſous d'icelle hauteur ſeront mis avec la laine du plain, ſur peine de dix ſols d'amende, huit ſols au Roy, & deux ſols aux Gardes dudit Métier.

VII.

Item. Que nul dudit Métier ne puiſſe achetter ni barguigner Peaux de Boucherie aux Dimanches ni Fêtes ſolemnelles, ni en la Ville & Banlieuë de Paris, ſur peine de vingt ſols d'amende, quinze ſols au Roy, & cinq ſols aux Gardes dudit Métier.

VIII.

Item. Que nul ne ſoit ſi hardy qu'il meſle ſes queuës avec

son bâtard, fur peine de l'amende, comme deſſus eſt dit.
IX.

Item. Que nul ne ſoit ſi hardy d'aller au devant des denrées aux jours de Marché de Paris, ſoit Maîtres Jurez dudit Métier ni autres, pour achetter ni barguigner denrées vives, ſur peine de quarante ſols d'amende, trente-deux ſols au Roy, & huit ſols aux Gardes dudit Métier.

X.

Item. Que nul ne ſoit ſi hardy, Maîtres ou Valets dudit Métier, qu'il ne porte ou faſſe porter, par luy ni par autres, peaux paſſées en mégie, vendre par la Ville de Paris, d'Hôtel en Hôtel, fors en la place devant les Saints Innocens, & au Carrefour ſaint Severin, ou au Samedy ès Halles en la place, ſortant ſans col-porter de place en autre, ſur peine de dix ſols d'amende, de ſix ſols au Roy, & quatre ſols aux Gardes dudit Métier.

XI.

Item. Que nul dudit Métier ne ſoit ſi hardy d'aller des Tiſſerans, de Fileurs ou Filereſſes, ou autres gens dudit Métier pour peler Peaux, ſur peine de l'amende des ſuſdits dix ſols, ſix au Roy, & quatre aux Gardes dudit Métier.

XII.

Item. Que les Maîtres dudit Métier ne pourront avoir qu'un ſeul Apprentif en iceluy Métier, & ne le pourront prendre ni tenir à moins de ſix ans, parce que en moins de temps ne pourront-ils avoir appris ni être trouvez ſuffiſans & experts en iceluy, à peine de ſoixante ſols pariſis d'amende, quarante ſols au Roy, & vingt ſols à la Confrerie dudit Métier.

XIII.

Item. Que leſdits Maîtres qui auront pris un Apprentif ſeront tenus apporter aux Jurez dudit Métier dans la huitaine enſuivant, la Lettre d'Apprentiſſage dudit Apprentif, pour ſçavoir le jour que ledit Apprentif aura été obligé; & payera ledit Apprentif, pour être enregiſtré au Papier dudit Métier, quatre ſols pariſis, pour obvier à ce que ſi leſdits Maîtres perdoient leſdites Lettres d'Apprentiſſage, leſdits Apprentifs ne ſeroient fruſtrez de leur temps, & auſſi à ce que leſdits Maîtres ne puiſſent prendre d'autres Apprentifs pendant ledit temps, & ſur les peines deſſus dites.

XIV.

Item. Qu'aucune femme veuve dudit Métier ne pourra prendre, ne avoir aucun Apprentif, autres que les Apprentifs de leur feu mari, qui n'auront achevé le tems de leur apprentiffage, pourvû qu'icelle femme aura Valet bon & fuffifant dudit Métier, pour montrer & apprendre ledit Apprentif; & ce, fur peine de quarante fols parifis d'amende, trente-deux fols au Roy, & huit fols aux Gardes dudit Métier.

X V.

Item. Que aucun Maître dudit Métier ne pourra lever, ne tenir icelui Métier en la Ville & Fauxbourgs de Paris, s'il n'y a été Apprentif, fur peine de foixante fols parifis d'amende, quarante fols pour le Roy, & vingt fols aux Gardes dudit Métier, & de forfaiture de denrées, dont il fera trouvé faifi; moitié au Roy, & l'autre moitié à la Confrerie dudit Métier.

X V I.

Item. Que aucun dudit Métier ne pourra acheter Cuirs en mégie pour revendre, qui ayent été labourez hors la Ville & Fauxbourgs de Paris, pour mêler avec le fien labouré en ladite Ville & Fauxbourgs de Paris, jufques à ce qu'ils ayent été vûs & vifitez par les Gardes dudit Métier, & trouvez bons, loyaux & marchands, fur peine de quarante fols parifis d'amende, trente-deux fols pour le Roy, & huit fols aux Gardes dudit Métier.

X V I I.

Item. Que aucun dudit Métier ne pourra vendre ni avoir Cuir de mégie, ni tenir icelui, s'il n'eft fuffifament & doublement labouré, & qu'il foit bon, loyal & marchand, & tel trouvé par les Gardes dudit Métier, fur peine de forfaiture, & confifcation au Roy, & de vingt fols d'amende; quinze fols pour le Roy, & cinq fols aux Gardes dudit Métier.

X V I I I.

Item. Que aucun dudit Métier ne pourra vendre, entaffer, ni mettre en tas aucune laine, fi ainfi n'eft qu'elles ayent été & foient bien feches, & qu'elles foient bonnes, loyales & marchandes, fur peine de quarante fols d'amende pour chacun cent de ladite laine mal lavée & mal fechée, & de plus plus & de moins moins, au feur l'emplage, au lieu de vingt fols parifis d'amende, qui fouloient être aux anciens Privileges, à appliquer moitié au Roy ; & le reste à la Confrerie, & aux Jurez & Gardes dudit Métier, chacun pour moitié, pour ce que sur chacun cent de laine mal sechée & mal levée y pourroit avoir du déchet & dommage de vingt livres de laine de pesant & plus.

XIX.

Item. Que aucun dudit Métier ne pourra mettre ni venir en besongne, sans licence & congé des Maîtres dudit Métier, aucuns des Valets allouez des autres Maîtres dudit Métier, sur peine de quarante sols parisis d'amende ; c'est à sçavoir, trente-deux sols au Roy, & huit sols aux Gardes dudit Métier, sans congé des Maîtres.

XX.

Item. Aucun Maître dudit Métier à Paris, qui aura trois Valets ne pourra refuser à un autre des Maîtres d'icelui Métier, après qu'il aura besongne hâtive & nécessaire à faire, l'un desdits trois Valets pour lui aider à y faire icelle, en payant toutefois par ledit Maître icelui Valet de son salaire raisonnable, & ce, sur peine de quarante sols d'amende, c'est à sçavoir, trente-deux sols au Roy, & huit sols aux Gardes dudit Métier.

XXI.

Item. Que Marchands Forains ne pourront vendre ni exposer en vente à Paris aucunes denrées de mégie, jusques à ce qu'elles ayent été visitées par les Gardes dudit Métier, & qu'elles soient rapportées être bonnes, loyales & marchandes, sur peine d'être confisquées & acquises au Roy notre Sire, & d'être arsé, & au moins sur peine d'amende arbitraire.

XXII.

Item. Que lesdits Forains ne puissent vendre ni exposer en vente lesdits Cuirs & denrées de mégie, sinon en la Halle ancienne au Cuir blanc, & que préalablement ils ayent été visitez & marquez par les Jurez & Gardes dudit Métier, lesquels Jurez & Gardes, pour ce faire, auront pour leur salaire deux deniers parisis pour chacun cent de piece dudit Cuir, & de plus plus, & de moins moins, pour obvier à ce que lesdits Forains ne vendent secretement ledit Cuir, au moyen de quoi plusieurs Marchands sont souventefois déceus & abusez, & en ce faisant le Droit du Roy est tolly.

XXIII.

Item. Que aucun dudit Métier, soit Maître ou Valet, ne s'entre-mette d'aller ès maisons d'aucuns Tanneurs ni autres, pour peser ni ordonner Cuir, ni conseiller iceux Tanneurs, ni autre en quelque maniere que ce soit de leur marché, ni à autre chose, de chose qui concerne & regarde ledit Métier, sur peine de soixante sols parisis d'amende; c'est à sçavoir, quarante sols au Roy, & vingt sols à la Confrerie & aux Gardes dudit Métier, à chacun par moitié.

XXIV.

Item. Que tous les Maîtres dudit Métier demeurans en ladite Ville & Fauxbourgs de Paris, pourront achetter en plein marché des Marchands Forains & autres, toutes denrées appartenant audit Métier, qu'ils verront à vûe d'œil, sans qu'ils en puissent acheter aucunes sans icelles voir; & ce, sur peine de soixante sols parisis d'amende, quarante sols pour le Roy, & vingt sols; c'est à sçavoir, moitié à la Confrerie dudit Métier, & l'autre aux Gardes d'icelui.

XXV.

Item. Que tous les enfans mâles des Maîtres dudit Métier en la Ville de Paris, ne seront tenus faire aucun Apprentissage, mais seront tenus faire Chef-d'œuvre & payer le Droit & devoirs, comme les autres sujets à apprentissage, pour ce que lesdits Maîtres en ont toujours par ci-devant ainsi joui & usé, nonobstant qu'il ne fût contenu en leurs anciennes Ordonnances.

XXVI.

Item. Que aucun Maître ni autres, ayans la franchise dudit Métier, ne pourront étendre pour secher aucunes Peaux ou Cuirs à laine; si elles ne sont bien & dûëment lavées & gayées, sur peine d'icelles ramander à ses dépens, & de cinq sols parisis d'amende à chacune fois qu'icelles Peaux ou Cuirs seront trouvez étendus pour secher, dont la moitié d'icelle amende sera pour le Roy, & le reste à la Confrerie & Gardes dudit Métier, chacun pour moitié, pour ce qu'aucuns Maîtres dudit Métier pourroient mal laver & gayer leursdites Peaux & Cuirs, & icelles mêler parmi celles qui seroient bien lavées & gayées, au moyen de quoi y auroit grand interêt pour les Marchands, tant vendeurs qu'acheteurs.

XXVII.

Item. Que tous les Maîtres ou autres ayans la franchise dudit Métier de la Ville de Paris, pourront demander à tous Marchands Forains & autres de ladite Ville qui acheteront ou auront acheté, ou fait acheter Peaux de Moutons ou autres Marchandises en ladite Ville de Paris, appartenans audit Métier, leur lot, part & portion desdites Peaux & Marchandises en tout tems & saison, lesquels Marchands Forains seront tenus leur en bailler leurdit lot en payant par eux promptement ausdits Marchands Forains le prix que leur a coûté ladite Marchandise au prorata qu'ils en prendront, pour ce que lesdits Marchands Forains achetent continuellement lesdites Peaux & Marchandises, & les emportent hors la Ville de Paris en la dégarnissant, tellement que lesdits Maîtres sont souventefois oiseux & ne font rien, obstant ce qu'ils n'ont aucunes Marchandises, pourvû toutefois que lesdits Marchands Forains achetassent grande quantité de ladite Marchandise, comme un cent & au-dessus, & non au-dessous.

XXVIII.

Item. Que aucuns Marchands Forains ou autres ne pourront prendre dedans ladite Ville & Fauxbourgs de Paris, de quelques personnes que ce soit aucunes Peaux & Marchandises appartenant audit Métier, pour habiller ni corroyer, s'ils ne les ont achetez, ou autrement leur appartiennent sans fraude, sur peine de confiscation desdites Peaux ou Marchandises, ou d'amende arbitraire, dont les trois parts seront pour le Roi, & l'autre à la Confrerie & Gardes dudit Métier, chacun pour moitié, pour ce que lesdits Marchands Forains & autres pourroient acheter lesdites Marchandises, & icelles emporter hors de ladite Ville, sous ombre de dire qu'ils auroient icelles prises pour habiller seulement, au moyen de quoi lesdits Maîtres & Megissiers auroient grands dommages & interêts : Et s'entendra le présent Article sur les Forains & autres Marchands, & non pas sur les autres particuliers de ladite Ville de Paris, qui en voudront habiller & corroyer pour leur usage.

XXIX.

Item. Que lesdits Maîtres dudit Métier de ladite Ville &

autres, ayans la franchife d'icelui ; qui auront acheté des Peaux ou Cuirs des Bouchers d'icelle Ville & Fauxbourgs de Paris, feront tenus en bailler aux autres Maîtres de ladite Ville, qui leur en demanderont en toutes faifons leur lot, part & portion ; pour le prix qu'ils auroient icelle acheté, fur peine de foixante fols parifis d'amende, moitié au Roy, & le refte à la Confrerie & Gardes dudit Métier, chacun par moitié, pour ce que de tout tems & ancienneté lefdits Maîtres ont ainfi accoutumé en ufer.

XXX.

Item. Que aucuns Maîtres dudit Métier de ladite Ville ne pourront acheter laine en pelure de Peaux, ou autres laines, qu'elles n'ayent été habillées & faites dans icelle Ville, pour mêler avec la leur de la façon de ladite Ville, fi premier n'a été vifitée par les Maîtres Jurez & Gardes dudit Métier, fur peine de confifcation de ladite Marchandife, ou de foixante fols parifis d'amende, dont la moitié fera pour le Roy, & l'autre moitié à la Confrerie & Gardes dudit Métier, chacun pour moitié.

XXXI.

Item. Que aucuns des Maîtres dudit Métier, ni autres ayans la franchife d'icelui, ne pourront en jours de Fêtes aller ou envoyer querir aucunes Peaux de Boucherie pour enchaufumer ni autrement, ni pareillement autres denrées de Marchandifes appartenant audit Métier ; c'eft à fçavoir, depuis Pâques jufques à la Saint Remy, que devant fept heures du matin, & après fept heures du foir ; & depuis ledit jour Saint Remy jufqu'à Pâques, que devant fept heures du matin, & après fept heures du foir, fur peine de vingt fols parifis d'amende, dont la moitié fera au Roy, & le refte à la Confrerie & Gardes dudit Métier, chacun pour moitié,

XXXII.

Item. Que aucuns Maîtres ou autres ayans ladite franchife dudit Métier ne labourent ou faffent labourer, mettre à point ni corroyer dedans ladite Ville de Paris aucunes Peaux de bêtes non convenables à corps humain en manger la chair ; fur peine de brûler lefdites Peaux en leur préfence, & à leurs dépens, & de cent fols parifis d'amende, dont les trois parts feront au Roy, & le refte à la Confrerie & Gardes dudit Métier ;

9

tier ; chacun par moitié , en quoi toutefois ne font compris
les Megiffiers des Fauxbourgs de ladite Ville.

XXXIII.

Item. Que aucuns Marchands Forains ne pourront vendre
ni expofer en vente en ladite Ville de Paris aucunes laines ,
jufqu'à ce que préalablement icelles laines ayent été vûes &
vifitées par les Jurez & Gardes dudit Métier de ladite Ville,
afin de fçavoir fi elles font loyales & marchandes ou non , fur
peine de confifcation de ladite Marchandife , dont les parts feront pour le Roy , & le refte à la Confrerie & Gardes dudit Métier , à chacun par moitié : Et entend le préfent article quant
aux laines venans de Peaux dont ont accoutumé vendre & faire
Marchand lefdits Megiffiers felon leur Métier , fans y compren-
dre les autres laines : Et pour la vifitation de chacun cent , lefdits Maîtres & Jurez qui vifiteront lefdites laines , auront pour
leur falaire de ladite vifitation douze deniers parifis.

XXXIV.

Item. Que aucun Maître dudit Métier , ou autres ne mêlent
avec la mere-laine aucunes laines de Peaux , tant tondues que
pelées ; fur peine de confifcation defdites laines , dont les trois
parts feront au Roy , & l'autre à la Confrerie & Gardes dudit
Métier , à chacun par moitié , pour ce que le drap fait de telle
laine mêlée n'eft loyal ni marchand . & fe caffe en toutes parts.

XXXV.

Item. Que aucun dudit Métier ne pourra étendre aucunes
laines lavées , de quelque forte que ce foit , finon qu'elles foient
bien & dûement lavées , fur peine de foixante fols parifis d'a-
mende , dont la moitié fera au Roy , & le refte à la Confrerie
dudit Métier , chacun par moitié.

XXXVI.

Item. Que tous Maîtres dudit Métier de ladite Ville & autres ayant la franchife dudit Métier , feront tenus de fouffrir
vifitation être faite fur leur laine & Marchandifes par les Jurez
& Gardes dudit Métier , toutes & quantes fois que par eux en
feront requis , fur peine de vingt livres parifis d'amende , dont
les trois parts feront au Roy , & l'autre à la Confrerie & Gardes dudit Métier , chacun par moitié.

XXXVII.

Item. Que aucun Maître dudit Métier , ni autres ayant la

franchife d'icelui, ne pourront faire befongner leurs ferviteurs ; gagneurs argent ès jours ouvrables, depuis Pâques jufqu'à la Saint Remy, que depuis cinq heures du matin jufqu'à fept heures du foir, & depuis le jour de Saint Remy jufques au jour de Pâques, que depuis fix heures du matin jufqu'à huit heures du foir, excepté befongne en peril, fur peine de feize fols parifis d'amende pour chacun Serviteur qui befongnera, à payer par ledit Maître, moitié au Roy, & le refte à la Confrerie & Gardes dudit Métier, chacun pour moitié.

XXXVIII.

Item. Que nul Maître dudit Métier, ou autre ayant la franchife d'icelui, ne pourra faire befongner fes Serviteurs gagnans argent ès Vigiles de Pâques, Pentecôte, la Touffaints, Noel, & ès Vigiles des cinq Fêtes Notre-Dame, de Sainte Marie-Magdelaine, qui eft la Fête de la Confrerie dudit Métier, Saint Germain l'Auxerrois leur Patron, que jufques à trois heures de relevée, en nulle befongne, excepté befongne en peril, fur peine de feize fols parifis d'amende, dont la moitié au Roy, & le refte à la Confrerie & Gardes dudit Métier, chacun par moitié.

XXXIX.

Item. Que tous Valets qui auront été Apprentifs fix ans en ladite Ville de Paris audit Métier, auront à befongner chez chacun Maître dudit Métier, plûtôt que les autres Valets qui n'auront été Apprentifs en icelle Ville audit Métier, pourvû qu'ils veulent befongner pour le prix que lefdits Valets qui n'auront été Apprentifs befongneront, ou pour aux prix raifonnables, eu égard à la fcience qu'ils auront, & felon qu'il fera dit par les Jurez & Gardes dudit Metier.

X L.

Item. Qu'aucuns Valets qui n'auront été Apprentifs fix ans audit Métier de Megiffier dans ladite Ville de Paris, ne pourront befongner chez quelque Maître, ou autre ayant ladite franchife dudit Métier, plus haut de huit jours, & jufqu'à ce que lefdits Valets ayent payé à la Confrerie dudit Métier quatre fols parifis, fur peine de payer par lefdits Maîtres ou autres qui les mettront en befongne vingt fols parifis d'amende, dont la moitié fera au Roy, & le refte à la Confrerie & Gardes dudit Métier, chacun par moitié.

Enfuit la teneur des Lettres Patentes pour l'octroi
& confirmation defdits Statuts.

FRANÇOIS, par la grace de Dieu, Roy de France ;
Sçavoir faifons, à tous préfens & à venir, avoir reçu l'hum-
ble fupplication de nos chers & bien amez les Maiftres Jurez
Megiffiers de notre bonne Ville & Cité de Paris : Contenant,
que pour la confervation & entretenement dudit Métier, &
pour corriger lefdites fraudes, abus & tromperies qui pourroient être commis en icelui, leur ont été dès long - tems
octroyé par nos prédeceffeurs Rois, plufieurs beaux Privileges & Statuts, être vraiement utils & néceffaires pour le bien,
profit & utilité de la chofe publique, & dudit Métier ; lefquels
Statuts & Ordonnances ont toujours été depuis gardées &
obfervées par lefdits Maiftres Jurez Megiffiers, ainfi qu'ils font
encore de préfent. Et pour ce que depuis s'en font & four-
dent chacun jour nouveaux abus & tromperies audit Métier,
qui n'ont pû & ne peuvent être corrigez par lefdits Statuts
& Ordonnances, nonobftant qu'en icelles ne s'y eft fait mention defdites fraudes & abus, ni des caufes dont ils proce-
dent à iceux Maiftres Jurez & Megiffiers, auroient avifé entr'eux certaines Ampliations & Articles de nouveaux, & très-
néceffaires & utils pour la Réformation de leurs Statuts &
Ordonnances : Nous requerans qu'à iceux Ampliations &
nouveaux Articles leur vouluffions octroyer & permettre être
joints avec lefdits anciens Privileges, Statuts & Ordonnances
anciennes, louant & approuvant lefdites Ampliations & nouveaux Articles ; fur laquelle Requête aurions ordonné Infi-
nuation être faite par notre Prevôt de Paris ou fon Lieutenant, fur le profit ou incommodité que Nous & la chofe publique pourrions avoir, & ladite Information, avec l'Avis de
lui & defdits Officiers du Châtelet, Nous être renvoyée, ce
qui auroit été fait. Et après que nous avons le tout fait voir
par aucun de notre Confeil : NOUS VOULONS les Statuts & Privileges octroyez à nos Sujets par nofdits predecef-
feurs, être entretenus & gardez, & auffi lefdites Amplifications
pour augmenter, le tout ainfi que la raifon & le tems le veut

lent & requierent pour le bien & l'utilité de la chose publique ; ausdits Maiſtres Jurez Megiſſiers Supplians avons continué & confirmé par ces Préſentes leſdits Privileges , Statuts & Ordonnances à eux octroyez , louons , approuvons , permettons & octroyons de grace ſpeciale , pleine puiſſance & autorité Royale leſdites Amplifications & nouveaux autoritez , & voulons iceux être joints & incorporez avec leſdits Statuts & Ordonnances anciens ; deſquels Privileges , Statuts & Ordonnances anciens , enſemble des Amplifications parajoutées aux Articles d'iceux ; & pour ce , avoient ſupplié & requis à notre amé & féal Conſeiller , Chambellan , Guillaume , Seigneur de Tigouville , Prevôt de Paris , pour & à notredit Procureur que iceux nouveaux points & articles ils vouloient voir & aviſer , ou faire aviſer par nos Conſeillers & Avocats audit Châtelet ; ce que ſi par déliberation du Conſeil ils trouveront que ledit ancien Regiſtre eut Métier de correction , interprétation ou augmentation , que ainſi fut fait ſelon la forme & teneur deſdits nouveaux points.

NOUS à certe oui ſur ce que dit eſt la relation de notredit Prevôt , qui nous relate & affirme par ſerment , qu'à grande & meure déliberation de notre Conſeil , étant audit Châtelet il auroit vû , fait voir & examiné par pluſieurs & iteratif fois par nos Avocats , Procureurs & autres nos Conſeillers , tant en la préſence deſdits Megiſſiers , comme en leur abſence leſdits nouveaux Points & Articles , & finalement tous iceux nos Conſeillers , Maîtres & Procureurs , leſdits Megiſſiers & chacun d'eux , nuls contrediſant , avoient été d'opinion , & leur avoient ſemblé & ſembloient en leur conſcience iceux nouveaux Statuts , Articles & Ordonnancës être bonnes , utils & profitables pour le bien de tous dudit Métier & de la choſe publique , iceux Points , Articles & Statuts nouveaux , & chacun d'eux , en réformant ledit Métier de bien & mieux , & en augmentant , interpretant & corrigeant ledit ancien Regiſtre par la forme & maniere que ci-deſſus ſont portez & articlez : Avons voulu & ordonné , voulons & ordonnons par ces préſentes être tenus , gardez & obſervez doreſnavant par tous les Megiſſiers de Paris , & autres à qui il appartiendra , & iceux & chacun d'eux étant joints à icelui ancien Regiftre par fa forme & maniere requife par iceux Expofans , fauf toutefois à notredit Prevôt préfent & à venir de icelles Ordonnances & Statuts nouveaux pouvoir corriger, niver, interpreter, & icelle augmenter ou diminuer toutes & quantes fois que par déliberation de notre Confeil audit Châtelet, il verra qu'il fera bon expedient à faire pour le bien & utilité de nous & la chofe publique. Si donnons en mandement à icelui notre Prevôt préfent & à venir , ou fon Lieutenant, que ces préfentes nos Statuts & Ordonnances il faffe jurer, tenir & obferver par tous ceux dudit Métier de Megiffiers à Paris , fur les peines contenuës en icelles, & icelles faire publier & regiftrer par tout ou il appartiendra , & que ce foit ferme chofe & ftable à toujours. Nous avons fait mettre à ces préfentes notre Scel, fauf entr'autres chofes notre droit & l'autrui. Et tout donné à Paris au mois de May , l'an de grace 1407, & de notre Regne le vingt-feptiéme : Ainfi figné fur le repli defdites Lettres , par le Roy , à la relation du Confeil , Moulons, *Vifa* Contentor Freron : au dos defquelles eft écrit ce qui enfuit. Publié en Jugement au Châtelet de Paris, le Samedy fecond jour de Juillet , l'an de grace 1407. Item publié l'an & jour deffufdits, par le Crieur Juré de la Ville de Paris, à la ruë de la Megifferie fur la Rivere de Seine , à l'oppofite de l'Hôtel des Dames de Haultebrinere , préfens plufieurs , tant Maîtres que Valets Megiffiers & autres, & à la Requête tant du Procureur du Roy , comme des Jurez & Gardes dudit Métier , par moi. Ainfi figné , I. CHAROT.

CHARLES, par la grace de Dieu, Roy de France : Sçavoir faifons, à tous préfens & à venir : A nous avoir été expofé de la plus grande & faine partie des Megiffiers de notre bonne Ville de Paris : C'eft à fçavoir Pierre du Vivier, Jean Courtois , Jean Chautelle , Jean Regnard, Thomas Duhan, Jean Duhan , Jean Durand , Pierre Dulot , Jean Bourgot , Jean Harin, Pierre du Camp , Michel Drouart, Philippot Thion, Jacques de Bouvier, Michault Granger, Jean Chefdeville, dit Noël, Hebert Landry & Guillaume Lefchanger ; Difans que n'aguères en la préfence de notre Procureur au Châtelet de Paris, & pour obvier à plufieurs fraudes , mauvaifties, & déceptions qui de jour en jour étoient commifes en icelui Métier à Paris par plufieurs dudit Métier, au préjudice de Nous & de la chofe publique : Et d'un commun accord auroient avifé enfemble plufieurs Points & Articles qui leur femblent être profitables & néceffaires à être gardez & obfervez par tous ceux du Métier, & être joints en l'ancien Regiftre d'icelui, pour ce que au tems préfent les fraudes que l'on commet en icelui fe font plus fubtilement & cautement, & fi font les Ouvriers plus fubtils & malitieux qu'ils n'étoient au tems dudit ancien Regiftre.

Pour d'iceux anciens Privileges, Statuts, Ordonnances & Ampliation, jouir & ufer par lefdits Maiftres dorefnavant à toujours, pour eux & leurs fucceffeurs audit Métier, tant & fi avant qu'ils en ont ci-devant dûëment & juftement joui & ufé, jouiffent & ufent encore de préfent, & defdites Ampliations & nouveaux Articles deffus déclarez en jouir & ufer dorefnavant, comme utils & raifonnables, tout ainfi qu'ils ont par ci-devant joui & ufé des Statuts & Ordonnances contenues en leur ancien Privilege.

Si donnons en mandement par cefdites Préfentes au Prevôt de Paris, ou fon Lieutenant, préfent & à venir, que nos préfentes continuations, ampliations & nouvelles octrois, & de tout le contenu en cefdites Préfentes, il faffe, fouffre & laiffe lefdits Maiftres Megiffiers & Jurez Supplians, & leurfdits fucceffeurs qui feront ci-après audit Métier, jouir & ufer pleinement & paifiblement, fans leur faire mettre ou donner, ne fouffrir être fait, mis ou donné aucuns détourbes ou empêchemens, ores ne pour le tems à venir en aucune maniere ; au contraire, lequel fi fait, mis ou donné leur avoit été ou étoit, les faffe réparer, & mettre incontinent en leur délai ou premier état & dû ; & lefdites Ampliations, Statuts & nouveaux Articles par vous joints & incorporez avec lefdits anciens Privileges, Statuts & Ordonnances, faffent publier & enregiftrer par tout où il appartiendra, & iceux être tenus, gardez & obfervez dorefnavant de point en point felon leur forme & teneur, par tous les Megiffiers de ladite Ville de Paris, & autres qu'il appartiendra, fur les peines contenuës en iceux : Car ainfi Nous plait-il, & voulons être fait & octroyé,

& aufdits Supplians l'avons octroyé & octroyons de grace fpeciale, pleine puiffance & autorité Royale par cefdites Préfentes, aufquelles afin que ce foit chofe ferme & ftable à toujours, Nous avons fait mettre notre Scel, fauf en autre chofe notre droit, & l'autrui en tout. Donné à Evreux au mois de Septembre, l'an de grace 1517, & de notre Regne le troifiéme. Signé fur le repli, par le Roy, à la relation du Confeil, Guiot, *Vifa* Contentor, Guernadon, & fcellé en lacs de foye rouge & verte du grand Scel en cire verte : Et fur le repli eft écrit.

Collation eft faite au vrai original des Lettres ci-devant inferées contenant les Ampliations ajoûtées à icelles. Signé Guyot. Et encore eft écrit fur ledit repli, lûes, publiées, en Jugement en l'Auditoire Civil du Châtelet de Paris, à la charge de l'oppofition ce jour d'hui faite par Maître Jean Dumoulin Procureur des Jurez & Communauté de la grande Boucherie de Paris, & de celle de Maître Jean Pouffepin Procureur des Jurez & Communauté de la Boucherie de Beauvais, le Mercredy 17 jour de Mars, l'an 1517. Signé, Corbie.

Enfuit la confirmation du Roy Henry IV. des fufdits Statuts & Reglemens.

HENRY, par la grace de Dieu, Roy de France & de Navarre : A tous préfens & à venir ; Salut. Nos chers & bien amez les Maîtres Jurez & Megiffiers de notre bonne Ville de Paris, Nous ont fait remontrer que pour la confervation & entretenement dudit Métier, & pour corriger les fautes & abus qui pourroient être commis à icelui, nos prédeceffeurs Rois, même le Roy François par fes Lettres Patentes en forme de Chartre, données à Evreux au mois de Septembre 1517, verifiées où befoin a été, leur ont octroyé dès long-tems plufieurs beaux Privileges, Statuts, Ordonnances très-utils & néceffaires pour le bien, profit & utilité de la chofe publique & dudit Métier ; lefquels ont toujours été gardez & obfervez par lefdits Maîtres Jurez Megiffiers, ainfi qu'ils font encore à préfent : Toutefois ils doutent qu'au moyen des décès arrivez des feux Rois nos prédeceffeurs & fucceffeurs dudit feu Roy François, defquels ils n'auroient obtenu confirmation,

on les voulût troubler & empêcher en la poffeffion & jouiffan-
ce d'iceux , s'ils n'avoient fur ce nos Lettres de confirmation ,
& qu'ils nous ont très-humblement fupplié & requis leur vouloir octroyer. Sçavoir faifons, que nous inclinant à lafupplica-
tion & requête defdits Supplians , avons iceux continué & confirmé , continuons & confirmons par ces Préfentes lefdits Privileges & Statuts, de notre grace fpeciale , pleine puiffance &
autorité Royale , pour en jouir par eux & leurs fucceffeurs tout
ainfi & en la forme & maniere qu'ils en ont ci-devant bien &
dûement joui & ufé , jouiffent & ufent de préfent, encore qu'ils
n'ayent eu ne obtenu Lettres de confirmation de nofdits prédeceffeurs & fucceffeurs dudit feu Roy François , dont & du
laps de rems nous les avons relevez & relevons de nos puif-
fances & autoritez que deffus. Si donnons en mandement au
Prevôt de Paris : ou fon Lieutenant , & à tous nos Jufticiers
& Officiers qu'il appartiendra , que de nos préfentes graces ,
continuations & confirmations ils faffent , fouffrent , & laiffent
jouir & ufer lefdits Supplians & leurs fucceffeurs pleinement
& paifiblement , ceffant & faifant ceffer tous troubles & empêchemens au contraire , fi fait , mis ou donnez leur étoient ,
faffent le tout réparer , & mettre en premiere & dû : Car tel
eft notre plaifir ; Et afin que ce foit chofe ferme & ftable à toujours, Nous avons fait mettre notre Scel à cefdites Préfentes ,
fauf en autre chofe notre droit, & l'autrui en tout. Donné à
Paris au mois de Decembre , l'an de grace 1594, & de notre
Regne le fixiéme. Signé fur le repli par le Roy. THOMAS,
Vifa , Contentor de Verton,

Déclaration du Roy du 12 *Novembre* 1693 , *Portant réu-*
nion des deux Offices de Jurez de la Communauté des
Maîtres Marchands Megiffiers de la Ville & Fauxbourgs
de Paris , à ladite Communauté , verifiée en Parlement
le 4 *Novembre audit an.*

L OUIS, par la grace de Dieu, Roy de France & de Navarre : A tous ceux qui ces préfentes Lettres verront , Salut. Les Gardes , Jurez & Communauté des Maîtres Megiffiers

fiers de notre bonne Ville & Fauxbourgs de Paris, Nous ont très-humblement fait remontrer, que par notre Edit du mois de Mars 1691 Nous avons créé & érigé en titre d'Office les Gardes des Corps des Marchands, & les Jurez des Communautez des Arts & Métiers, au lieu de ceux qui étoient électifs : Et comme les Suplians ont notable interêt, non-feulement que lefdits Offices foient exercez par des perfonnes de probité & d'experience dans leur Art & Métier, & que ceux qui en abuferont puiffent être dépoffedez, mais encore que ceux qui font capables de s'en bien acquitter puiffent y parvenir à leur tour au lieu qu'ils en feroient exclus, fi ceux que Nous en aurions pourvûs n'en pouvoient être dépoffedez. Par ces confiderations, & par le defir de Nous marquer leur zele pour notre fervice & leur foumiffion à nos volontez, il Nous ont fait offrir de payer entre les mains du Treforier de nos Revenus Cafuels la fomme de huit cens livres, s'il Nous plaifoit unir à leur Communaté les Offices de Jurez créez par ledit Edit, pour être exercez par ceux qui Nous feront par eux préfentez, pour tel temps qui fera avifé entr'eux, en vertu des Provifions que nous en ferons expedier en notre Grande Chancellerie, & leur laiffer à l'avenir la faculté de Nous préfenter d'autres Officiers, aufquels il fera expedié des Lettres de confirmation, lorfque le temps de l'exercice de ceux que Nous en aurons pourvûs fera expiré ; Lefquels Nous ont pareillement fait fuplier, conformément à leur Déliberation du vingt-quatre Juin dernier, de leur permettre d'emprunter à conftitution de rente, ou autrement, au nom de ladite Communauté, ladite fomme de huit cens livres, pour fûreté de laquelle ceux qui auront prêté leurs deniers auront privilege & hypoteque fur lefdits Offices, droits & émolumens y attribuez, & autres droits qui feront perçûs & deftinez pour acquitter ladite rente de huit cens livres, tant en principal qu'en arrerages, & celle de trois cens livres dont ladite Communauté eft chargée, & même les autres dépenfes qu'il convient faire pour maintenir ladite Communauté. Sçavoir, pour chaque cent de peaux de Mouton qui feront achetées par les Maîtres fortant des abbatis des Marchands Bouchers, quatre fols. Pour chaque cent de peaux d'Agneau deux fols. Pour droit de

Boutique , dix fols. Tous lefquels droits feront payez toutes les femaines par chaque Maiftre , lefquels feront tenus de faire leur déclaration des Marchandifes ci - deffus dans le jour de l'achat d'icelles , & de repréfenter leurs Regiftres à celui des Jurez qui fera commis à la recette par la Communauté. Pour chaque Brevet d'Apprentiffage dix livres au profit de la Communauté. Pour l'enregiftrement d'iceux quinze fols pour leur Clerc de ladite Communauté. Pour la Réception de chaque Maiftre de Chef-d'œuvre fix cens livres pour la Communauté , outre le Droit Royal , ceux de l'Hôpital , de Juftice , des Jurez & autres qui affifteront au Chef-d'œuvre. Pour la Réception d'un fils de Maiftre cens livres , outre les droits ordinaires. Et pour la Réception d'un Apprentif de Paris époufant une fille de Maiftre trois cens livres , outre lefdits droits ordinaires. Pour chacune des quatre Vifites qui fe font tous les ans dix fols pour chacun Maiftre , lefquels appartiendront aux Jurez. Et voulant favorablement traiter la Communauté defdits Maiftres Megiffiers , & lui donner des marques de notre protection : A CES CAUSES , après avoir vû la Deliberation du vingt-quatre Juin dernier , de notre certaine fcience , pleine puiffance & autorité Royale , Nous avons par ces Préfentes fignées de notre main , uni & incorporé, uniffons & incorporons au Corps & Communauté des Maîtres Megiffiers de notre bonne Ville & Fauxbourgs de Paris, les Offices de Gardes Jurez de leur Communauté , créez par Edit du mois de Mars 1691. Ce faifant, voulons que lefdits Offices foient exercez en vertu de Lettres de Provifion , qui feront expediées & fcellées en notre grande Chancellerie en faveur de ceux qui feront nommez par ladite Communauté, pour le temps qui fera par elle avifé , après l'expiration duquel elle pourra élire & nous préfenter de nouveaux Officiers, en faveur defquels toutes Lettres de confirmation leur feront expediées & fcellées , & à l'avenir à toutes mutations fur les nominations de ladite Communauté , le tout en payant par eux fuivant leurs offres ès mains & fur les quittances du Treforier de nos Revenus Cafuels , la fomme de huit cent livres pour la finance defdits Offices , que nous permettons d'emprunter à conftitution de rente ou autrement par les Jurez au nom de ladite Communauté : Voulons pour la sûreté de ceux qui prêteront les deniers, qu'il en soit fait mention dans la Quittance de Finance, & qu'au moyen de ce ils ayent hypotèque & privilege sur lesdits Offices, & sur tous les autres biens & effets de la Communauté, même sur les droits ci - après destinez pour acquitter lesdites rentes, lesquels Nous permettrons à ladite Communauté de percevoir, & faire payer à l'avenir aux Maîtres d'icelle ; sçavoir pour chaque cent de Peaux de Moutons qu'ils acheteront sortant des abbatis des Bouchers quatre sols, & pour le cent de Peaux d'Agneaux deux sols, le tout conformément à la Déliberation de ladite Communauté du vingt-quatre Juin dernier : Voulons que les deniers qui en proviendront soient reçus par celui des Jurez ou Maîstres de ladite Communauté qui sera commis à cet effet d'année en année, lequel tiendra bon & fidel Registre de la recette & dépense qu'il fera, qui sera paraphé par les autres Jurez & anciens, dont il rendra compte de chacune année, & quinzaine après icelle expirée ; & s'il se trouve des fonds entre ses mains après les arrerages desdites rentes payez, ils feront employez à l'acquitement des sorts principaux des rentes dûes par ladite Communauté, après quoi les droits sur lesdites Marchandises, & les dix sols de droits de Boutique ne feront plus levez, & tout ce qui proviendra des Réceptions des Maîstres & Brevets d'Apprentissage sera employé au payement des autres dépenses de la Communauté. Si donnons en mandement à nos amez & feaux Conseillers, les Gens tenans notre Cour de Parlement à Paris, que ces Présentes ils ayent à faire regiftrer, & du contenu en icelles jouir & user les Gardes Jurez & Communauté des Maîstres Megissiers de notre bonne Ville & Fauxbourgs de Paris, selon leur forme & teneur : Car tel est notre plaisir : En témoin de quoi Nous avons fait mettre notre Scel à ces Présentes. Donné à Verfailles le douziéme jour de Novembre, l'an de grace mil six cent quatre-vingt-treize, & de notre Regne le cinquante-uniéme. *Signé*, LOUIS. *Et plus bas*, par le Roy, PHELYPEAUX, avec paraphe ; Et au-dessous est écrit.

Regiftrées, oui, & ce requerant le Procureur General du Roy, pour être exécutées selon leur forme & teneur, & copies collationnées envoyées au Siege du Châtelet de cette Ville de Paris, pour y être lûes, publiées & regiſtrées : Enjoint au Subſtitut du Procureur General du Roi d'y tenir la main, & d'en certifier la Cour dans huitaine, ſuivant l'Arrêt de ce jour. A Paris en Parlement le vingt-quatriéme Novembre mil ſix cent quatre-vingt treize. Signé, DONGOIS, avec paraphe: Et en marge eſt écrit : Vû au Conſeil, PHELYPEAUX.

Enſuit la confirmation des Statuts & Reglemens par le Roi Louis XIV.

LOUIS, par la grace de Dieu, Roi de France & de Navarre : A tous preſens & à venir, Salut. Nos bien-amez les Maîtres de la Communauté des Megiſſiers de la Ville & Fauxbourgs de Paris, Nous ont fait remontrer que depuis pluſieurs années ils ont agi & gouverné leur Corps & Mêtier, ſuivant les Statuts & Ordonnances confirmez par nos prédéceſſeurs Rois, & entr'autres par Lettres Patentes du Roi Henry IV. notre très-cher & très-honoré Ayeul de glorieuſe mémoire, en datte du mois de Décembre 1594, & iceux gardez & obſervez ſans aucuns troubles ni empêchemens. Mais d'autant qu'ils n'ont été par Nous confirmez depuis notre Avenement à la Couronne, ils Nous ont très-humblement fait ſupplier leur vouloir octroyer nos Lettres ſur ce néceſſaires, en conſideration de la finance par eux payée en nos Revenus Caſuels pour l'union des deux Offices de Jurez de leur Communauté, créez par notre Edit du mois de Mars 1691. A CES CAUSES, voulant favorablement traiter les Expoſans, les maintenir, & garder dans leurs Droits & Privileges au bien & avantage du public, de l'Avis de notre Conſeil qui a vû leſdits Statuts & Lettres Patentes de confirmation d'iceux ; enſemble la quittance de finance par eux payée en nos Revenus Caſuels, pour l'union à leur Corps & Communauté deſdits deux Offices de Jurez créez par notredit Edit du mois de Mars 1691, ci attaché ſous notre contre-ſcel, de notre grace ſpéciale, pleine puiſſance & autorité Royale, NOUS avons par ces Preſentes ſignées de notre main, confirmé & confirmons les Statuts & Reglemens deſdits Expoſans en tous les

articles contenus en iceux, pour être exécutez felon leur forme
& teneur. Voulons & Nous plaît, que les Expofans & ceux
qui leur fuccederont en ladite Communauté dudit Art joüiffent
pleinement, paifiblement & perpetuellement, pourvû toutefois qu'au contenu d'iceux Statuts il n'y ait rien de contraire
aux Us & Coutumes, ni à nos Ordonnances & Reglemens,
ni préjudicier à nos droits & à ceux d'autrui. Si donnons en
mandement à nos amez & feaux Confeillers, les Gens tenans
notre Cour de Parlement de Paris, Prevôt de Paris, fon Lieutenant Civil, & autres nos Justiciers & Officiers qu'il appartiendra; que ces prefentes ils faffent regiftrer, & de leur contenu
faire joüir & ufer les Expofans & leurs fucceffeurs en la Communauté dudit Art, pleinement, paifiblement & perpetuellement, ceffant & faifant ceffer tous troubles & empêchemens à
ce contraires: Car tel eft notre plaifir: Et afin que ce foit chofe
ferme & ftable à toujours, Nous avons fait mettre notre Scel
à cefdites prefentes. DONNE' à Fontainebleau au mois d'Oc-
tobre, l'an de grace 1695, & de notre regne le cinquante-
troifiéme. *Signé*, LOUIS, & fcellé de cire verte en lacs de
foye verte & rouge: Et fur le repli, par le Roi, PHELYPEAUX.
Et à côté eft écrit, *vifa* BOUCHERAT, pour Lettres de Confirmation des Statuts de la Communauté des Megiffiers de
Paris.

Regiftré, oui le Procureur General du Roi, pour joüir par les Im-
petrans & leurs fucceffeurs en leur Communauté de leur effet & con-
tenu aux charges portées par l'Arrêt de ce jour. FAIT à Paris en
Parlement le treize Avril mil fix cent quatre-vingt-feize. Signé,
BERTHELOT.

C E S *prefens Statuts ont été confirmez, renouvellez & imprimez,*
étans Louis de Lougny & Jean Hebert Jurez en Charge de la
Communauté, fuivant le confentement & pouvoir par écrit, qui
leur en a été donné par Louis Hugot, Antoine Callu, Etienne Raf-
fart, Nicolas Roziers, Pierre Lodigeois, Claude Meriel, Jacques
Thibouft, Pierre Camet, Noël Chevalier, Charles Gambart, An-
toine Cathinois, Pierre Davannes, Jacques Davannes, Jean Lan-

drin, Jean-Baptiste Beschepoix, Jean Raffart, Jean Hesbert, Guillaume Hugot, Jacques Camet, Jacques de Logny, Jean-Baptiste Terine, anciens Jurez, jeunes & modernes, Maîtres & Marchands dudit Etat & Métier, le trente Avril mil six cent quatre-vingt-seize.

BONNIN, Procureur de la Communauté.

POETE, Huissier-Sergent de Police, & de ladite Communauté.

Collationné aux Originaux, par Nous Conseiller Secretaire du Roi, Maison, Couronne de France, & de ses Finances.

Le present Reglement a été imprimé par les soins de Messieurs Louis Clabaux, & Claude Fremin, Jurez, de present en Charge.

De l'Imprimerie de Paulus-du-Mesnil, ruë Ste. Croix en la Cité, 1743.

www.ingramcontent.com/pod-product-compliance
Ingram Content Group UK Ltd.
Pitfield, Milton Keynes, MK11 3LW, UK
UKHW031709170726
13836UKWH00001B/147